Heißluftfritteuse

Das Kochbuch mit den 77 besten Rezepten

Food Experts

Inhaltsverzeichnis

Einleitung

Jeder liebt Frittiertes, doch leider steht dieses Essen nicht gerade oben auf der Liste, wenn es um gesunde Ernährung geht. Doch, mit dem Airfryer, der sogenannten Heißluftfritteuse kann nun jeder leckere, gebackene Gerichte zaubern, die nicht mehr vor Fett triefen.

Im Airfryer werden alle Speisen ohne Öl zubereitet und schmecken dennoch herrlich knusprig und aromatisch. Der Airfryer funktioniert wie ein kleiner Heißluft-Ofen und sorgt dafür, dass die Speisen außen knusprig und innen schön saftig werden.

Wie genau funktioniert die Heißluftfritteuse und warum ist das so toll?

Der erste klare Vorteil einer Heißluftfritteuse gegenüber einer normalen Fritteuse ist natürlich der Fettverbrauch. In der Heißluftfritteuse wird rein mit heißer Luft "frittiert", die in dem kleinen Gerät zirkuliert. Auch wenn kein Fett verwendet wird, werden alle Gerichte ebenso knusprig wie in einer herkömmlichen Fritteuse. Das Motto heißt: Maximaler Geschmack und dabei Kalorien sparen. Alle, die gerne auf ihre Figur achten möchten und deshalb stets auf Pommes und Co verzichten mussten, werden vom Airfryer begeistert sein. Hier lassen sich wirklich sämtliche Gerichte zubereiten, die auch in der Fritteuse gelingen. Dazu ist die Heißluftfritteuse noch vielseitiger.

Nicht nur Gebackenes, auch Gebratenes und sogar Suppen, Saucen, Ragouts und Braten lassen sich in diesem tollen, innovativen Küchengerät zaubern. Einige tolle Rezepte haben wir für Dich vorbereitet, und Du wirst erstaunt sein, wozu die Heißluftfritteuse fähig ist.

Zudem fällt das lästige Ölwechseln komplett weg. Du musst nun nicht nach jedem Gebrauch das Öl aus der Fritteuse nehmen, filtern und aufbewahren oder entsorgen. Der Airfryer lässt sich mühelos mit einem feuchten Lappen oder klarem Wasser reinigen. Für verkrustete Stellen kannst Du etwas Essig oder Spülmittel auftragen und schon sind alle Spuren beseitigt.

Wenn Du nun sagst, Fett ist doch der Geschmacksträger - das stimmt natürlich. Wer nicht komplett auf Fett, natürlich als hochwertiges Öl, verzichten möchte, der kann die einzelnen Lebensmittel wie Pommes, Schnitzel und Co dezent mit etwas Öl besprühen. So funktionieren die Öle tatsächlich als Geschmacksverstärker und machen sich garantiert nicht auf den Hüften breit. Dazu kannst Du Dir hochwertiges Öl in eine kleine Sprühflasche füllen und es reicht immer wirklich nur ein kleiner Pumpstoß aus der Flasche. Zu empfehlen sind hier Öle wie Olivenöl extra vergine, Sesam Öl, Kokosöl oder ein neutrales Pflanzenöl wie Maiskeimöl oder Sonnenblumenöl.

Ein zweiter Vorteil ist der niedrige Energieverbrauch. Natürlich würden sich sämtliche Gerichte auch bequem im Backrohr mit Heißluft zubereiten lassen. Doch wer möchte schon wegen einer Hand voll Pommes, Chips oder einer kleinen Portion Frühlingsrollen gleich den Backofen anwerfen. Die Heißluftfritteuse ist im Nu auf Betriebstemperatur und nach wenigen Augenblicken kannst Du loslegen.

Der Airfryer ist somit nicht nur ein tolles Küchengerät in dem Du leckere Speisen zubereiten kannst, er eignet sich auch ausgezeichnet für Convenience Produkte. Ob TK Pommes, Pizza, Chicken Wings, Nuggets, Frühlingsrollen oder mehr, alles gelingt in der Heißluftfritteuse optimal, ohne triefend von Fett zu sein.

Du kannst im Airfryer auch toll Brot und Gebäck aufbacken und sogar kleine Kuchen, Torten, Muffins und mehr zubereiten. Sogar Soufflés und Gratins gelingen sehr gut. Du siehst, der Airfryer ist wirklich ein kleines Multitalent. Du wirst begeistert sein, wie viel Geschmack Deine Gerichte haben, wenn nichts mehr von Fett und Öl überdeckt ist.

Die Heißluftfritteuse ersetzt somit die herkömmliche Fritteuse, den Backofen und auch die Mikrowelle. Sie ist ein wichtiger Küchenhelfer für die gesunde Ernährung und wird Dir garantiert viel Freude bereiten.

Wir haben Dir in diesem kleinen aber feinen Rezeptbuch einige Ideen für Frühstück, Vorspeisen, Fleisch und Fischgerichte vorbereitet. Auch einige schnelle Abendessen, Gemüsegerichte und verführerische Desserts findest Du hier. Außerdem haben wir noch drei exotische Rezepte für Dich, die Du so wahrscheinlich noch in keinem Kochbuch gefunden hast. Wir wünschen Dir viel Spaß beim Nachkochen und gutes Gelingen.

Tolle Frühstücks-Ideen aus dem Airfryer

Kürbiskern Brot aus der Heißluftfritteuse

Kalorien: 1536,8 kcal | Eiweiß: 48,3 Gramm | Fett: 73,2 Gramm | Kohlenhydrate: 171,2 Gramm

Zutaten für ein Brot mit ca. 12 Scheiben:

150 Gramm Kürbis | 2 EL Kürbiskern Öl | 100 Gramm saure Sahne | 200 Gramm Weizenmehl | 80 Gramm Kürbiskerne geschrotete | 1/2 TL Trockenhefe | 2 gute Prisen Salz | etwas Muskat

Zubereitung:

1. Den Kürbis grob würfeln und den Garkorb mit Backpapier auslegen.
2. Den Kürbis hineingeben und bei 180° Celsius für 10 Minuten garen.
3. Auskühlen lassen, pürieren und mit den restlichen Zutaten zu einem geschmeidigen Teig verkneten.
4. Den Teig in die Backform des Airfryers geben und für 30 Minuten bei 30° Celsius quellen lassen.
5. Danach bei 170° Celsius für 40 Minuten backen.

Notizen

_____

_____

_____

Italienisches Brot mit Pinienkernen und Oliven

Kalorien: 1591,5 kcal | Eiweiß: 68,3 Gramm | Fett: 83,1 Gramm | Kohlenhydrate: 142,6 Gramm

Zutaten für ein Brot mit ca. 12 Scheiben:

120 Gramm Joghurt | 180 Gramm Quark | 80 Gramm Weizenmehl | 80 Gramm Vollkorn Mehl | 80 Gramm Pinienkerne | 50 Gramm Oliven | 2 Eier | 2 Eiklar | 1/2 TL Salz | 1 EL Oregano getrocknet | 2 EL Olivenöl

Zubereitung:

1. Alle Zutaten miteinander vermengen und gut durchkneten.
2. In die Backform für den Airfryer füllen und das Brot bei 170° Celsius für 45 Minuten backen.

Notizen

_____

_____

_____

Rosinenbrötchen

Kalorien: 591,6 kcal | Eiweiß: 33,7 Gramm | Fett: 14,4 Gramm | Kohlenhydrate: 81,8 Gramm

Zutaten für 4 Brötchen:

120 Gramm Quark | 2 Eier | 60 Gramm Weizenmehl | 40 Gramm Rosinen | 1 Prise Salz | 1/2 TL Zucker | 1 Messerspitze Backpulver

Zubereitung:

1. Alle Zutaten zu einem geschmeidigen Teig verkneten.
2. Mit feuchten Händen vier Brötchen formen, den Garkorb mit Backpapier auslegen und die Brötchen hineinsetzen.
3. Bei 170° Celsius für 25 Minuten backen.

Notizen

_____

_____

_____

Gefüllter Toast

Kalorien: 338,3 kcal | Eiweiß: 18,8 Gramm | Fett: 13,9 Gramm | Kohlenhydrate: 34,5 Gramm

Zutaten für eine Person:

2 Scheiben Toastbrot | 2 Eier | Salz und Pfeffer | Schnittlauch zum Bestreuen

Zubereitung:

1. Aus dem Toastbrot zwei Kreise ausstechen und in den mit Backpapier ausgelegten Garkorb legen.
2. Die Eier in die Aussparung schlagen und mit den Brot-Kreisen bedecken.
3. Für 7 Minuten bei 180° Celsius backen und vor dem Genießen mit Schnittlauch bestreuen.

Notizen

_____
_____
_____

Gebackene Avocado mit Ei

Kalorien: 208 kcal | Eiweiß: 8,2 Gramm: | Fett: 17,6 Gramm |
Kohlenhydrate: 4,2 Gramm

Zutaten für eine Person:

1/2 Avocado | Salz und Pfeffer | 1 Spritzer Zitronensaft
| 1/2 Tomate | 1 Ei

Zubereitung:

1. Die Avocado vom Kern befreien und das Fruchtfleisch leicht herauskratzen.
2. Die Avocado salzen, pfeffern und mit Zitronensaft beträufeln.
3. Die Tomate fein würfeln und mit dem Fruchtfleisch und dem Ei vermengen.
4. Zurück in die Avocado geben, in den Garkorb legen und bei 180° Celsius für 8 Minuten backen.

Notizen

_____

_____

_____

Vorspeisen und Salate aus der Heißluftfritteuse

Salat mit knusprigem Speck

Kalorien: 382,5 kcal | Eiweiß: 15,5 Gramm | Fett: 23,7 Gramm |
Kohlenhydrate: 26,8 Gramm

Zutaten für eine Person:

30 Gramm Lolo Rosso | 20 Gramm Lolo Bionda | 1/2
Granatapfel | 1 Scheibe Toastbrot | 6 Scheiben Bacon
| 2 gelbe Kirschtomaten | 1 EL Walnuss Öl | 2 EL
Himbeeressig | 3 EL Wasser | Salz und Pfeffer

Zubereitung:

1. Das Toastbrot würfeln und in den mit
   Backpapier ausgelegten Garkorb legen.
2. Mit dem Bacon bedecken und bei 180° Celsius
   für 7 Minuten knusprig backen.
3. Die Salate zupfen und mit den Kernen des
   Granatapfels vermengen.
4. Die Tomaten halbieren und unterheben.

5. Aus dem Walnuss Öl, dem Essig, dem Wasser, Salz und Pfeffer ein Dressing rühren und den Salat damit marinieren.
6. Den Salat anrichten und mit den knusprigen Speck und Toast-Croutons garnieren.

Notizen

_____

_____

_____

_____

_____

_____

Salat mit gebackenem Hühnchen

Kalorien: 418 kcal | Eiweiß: 34,1 Gramm | Fett: 17,6 Gramm |
Kohlenhydrate: 30,8 Gramm

Zutaten für eine Person:

80 Gramm Hühner Innenfilets | 1 EL Mehl | 1 Ei | 1 EL
Milch | Salz und Pfeffer | 3 EL Brösel | 50 Gramm
Feldsalat | 1/4 Paprika gelb | 1/4 Paprika rot | 2 EL
Apfelessig | 2 EL Olivenöl

Zubereitung:

1. Den Feldsalat gut waschen, die Paprika würfeln
   und mit dem Salat vermengen.
2. Aus Essig und Öl ein Dressing rühren und den
   Salat damit marinieren.
3. Das Hühnchen salzen und pfeffern, im Mehl
   wälzen und durch das mit Milch verquirlte Ei
   ziehen.

4. In den Bröseln wälzen und in den Garkorb legen.
5. Bei 180° Celsius für 10 Minuten frittieren und am Salat anrichten.

Notizen

_____

_____

_____

_____

_____

Heißer Caprese Salat

Kalorien: 138 kcal | Eiweiß: 11,8 Gramm | Fett: 8,4 Gramm | Kohlenhydrate: 3,8 Gramm

Zutaten für eine Person:

1 große Fleischtomate | 1/2 Kugel Mozzarella | 4 Blatt Basilikum | 1 TL Balsamico Essig | 1 EL Olivenöl | 1 EL Kresse | Salz und Pfeffer

Zubereitung:

1. Die Tomaten in Scheiben schneiden und in den mit Backpapier ausgelegten Garkorb legen.
2. Mit dem Basilikum belegen, salzen und pfeffern und die Mozzarella geschnitten darauf verteilen.
3. Bei 200° Celsius für 5 Minuten überbacken, mit Essig und Öl beträufeln und mit der Kresse bestreuen.

Notizen

_____

_____

_____

Gebratene & geräucherte Entenbrust

Kalorien: 338,8 kcal | Eiweiß: 20,7 Gramm | Fett: 24 Gramm | Kohlenhydrate: 10 Gramm

Zutaten für eine Person:

80 Gramm Entenbrust geräuchert | 1 Orange filetiert | 1/2 TL Rosmarin fein gehackt | 1/2 TL Honig | Salz und Pfeffer

Zubereitung:

1. Die Entenbrust in 1/2 cm dicke Scheiben schneiden und in den mit Backpapier ausgelegten Garkorb legen.
2. Die Orange mit Rosmarin, Honig, Salz und Pfeffer vermengen und neben die Ente legen.
3. Für 8 Minuten bei 120° Celsius garen und die Ente auf den Orangen anrichten.

Notizen

_____

_____

_____

Salat mit gebackenem Emmentaler

Kalorien: 471, 6 kcal | Eiweiß: 29,1 Gramm | Fett: 25,2 Gramm | Kohlenhydrate: 32,1 Gramm

Zutaten für eine Person:

60 Gramm Emmentaler | 1 EL Weizenmehl | 1 Ei | 1 EL Wasser | 4 EL Panko Mehl | 50 Gramm Rucola | 1/4 Salatgurke | 1 kleine Tomate | 2 EL Sauerrahm | 2 EL Wasser | 1 EL Himbeeressig | Salz und Pfeffer

Zubereitung:

1. Den Emmentaler im Mehl wälzen.
2. Das Ei mit dem Wasser verquirlen und den Käse durchziehen.
3. Im Panko Mehl panieren, ein weiteres Mal durch das Ei ziehen und noch einmal panieren.
4. In den Garkorb legen und bei 200° Celsius für 6 Minuten frittieren.

5. Die Gurke und die Tomate klein würfeln und mit dem Rucola vermengen.
6. Aus Wasser, Essig und Sauerrahm ein Dressing rühren, salzen und pfeffern und den Salat damit marinieren.
7. Den Käse heiß auf dem Salat servieren.

Notizen

_____

_____

_____

_____

_____

Frühlingsrollen

Kalorien: 144,2 kcal | Eiweiß: 14 Gramm | Fett: 1,4 Gramm | Kohlenhydrate: 18,9 Gramm

Zutaten für eine Person:

3 Reisblätter | 10 Gramm Weißkraut | 2 EL Möhren geraspelt | 1 Messerspitze Ingwer gerieben | 60 Gramm Shrimps | 10 Gramm Sojasprossen | Sojasauce dunkel | Fischsauce

Zubereitung:

1. Das Weißkraut fein hobeln und mit den restlichen Zutaten vermengen.
2. Mit Sojasauce und Fischsauce abschmecken.
3. Die Reisblätter gut befeuchten und halbieren.
4. Jeweils mittig mit der Masse belegen.
5. Zu Frühlingsrollen einrollen und die Enden gut einklappen.

6. In den Garkorb legen und bei 200° Celsius für 7 Minuten frittieren.
7. Dazu passt hervorragend eine süßsaure Sauce oder eine asiatische Pflaumensauce.

Notizen

_____

_____

_____

_____

_____

Jakobsmuscheln mit Fenchel

Kalorien: 136 kcal | Eiweiß: 4,8 Gramm | Fett: 10,4 Gramm | Kohlenhydrate: 5,8 Gramm

Zutaten für eine Person:

3 Jakobsmuscheln | Salz und Pfeffer | 1 Spritzer Zitronensaft | 1(2 kleinen Fenchel | Saft einer halben Orange | 1/2 TL Dill gehackt | 1 EL Pernod | 1 TL Walnuss Öl

Zubereitung:

1. Die Muscheln salzen, pfeffern und mit Zitronensaft beträufeln.
2. In den Garkorb legen und bei 200° Celsius für 4 Minuten garen.
3. Den Fenchel fein hobeln und mit dem Orangensaft marinieren.
4. Mit Dill vermengen und mit Pernod, Walnuss Öl, Salz und Pfeffer aromatisieren.
5. Gut durchkneten und zusammen mit den Jakobsmuscheln anrichten.

Notizen

_____

_____

_____

Gebackener Dim Sum

Kalorien: 215,1 kcal | Eiweiß: 17,9 Gramm | Fett: 2,7 Gramm | Kohlenhydrate: 29,8 Gramm

Zutaten für eine Person:

4 Wantan Blätter | 40 Gramm Geflügel Hackfleisch | 1 TL Koriander gehackt | 1 Chili rot fein gehackt | 1 Messerspitze Ingwer gerieben | 1 Knoblauchzehe fein gehackt | etwas Abrieb einer unbehandelten Bio Limette | 1 Spritze Fischsauce

Zubereitung:

1. Das Hackfleisch mit dem Koriander, der Chili, dem Ingwer, dem Knoblauch und dem Limetten-Abrieb vermengen und mit Fischsauce abschmecken.
2. Die Wantan Blätter damit füllen und einklappen.
3. Die Ränder mit feuchten Händen gut festdrücken.
4. In den Garkorb legen und bei 180° Celsius für 7 Minuten frittieren.

Notizen

_____

_____

_____

Salat mit Rehfilet

Kalorien: 223 kcal | Eiweiß: 15,5 Gramm | Fett: 16,2 Gramm | Kohlenhydrate: 3,9 Gramm

Zutaten für eine Person:

80 Gramm Rehfilet | Salz und Pfeffer | 1 Zweig Rosmarin| 1/2 Zucchini | 1/4 Paprika gelb | 1 EL Walnüsse gehackt und geröstet | 1 TL Kerbel gehackt | 1 EL Weißwein-Essig | 1 EL Olivenöl

Zubereitung:

1. Das Fleisch salzen und pfeffern und mit dem Rosmarin aromatisieren.
2. In den Garkorb legen und bei 180° Celsius für 8 Minuten garen.
3. Aus dem Airfryer geben und rasten lassen.

4. Zucchini und Paprika in feine Streifen schneiden.
5. Mit Walnüssen, Kerbel, Essig und Öl zu einem Salat verarbeiten.
6. Das Reh in Tranchen schneiden und auf dem Salat anrichten.

Notizen

_____
_____
_____
_____
_____

Ziegenkäse im Speckmantel

Kalorien: 485,6 kcal | Eiweiß: 29,1 Gramm | Fett: 38,3 Gramm | Kohlenhydrate: 5 Gramm

Zutaten für eine Person:

80 Gramm festen Ziegenkäse | 4 Salbeiblätter | 8 Scheiben Bauchspeck dünn geschnitten | 1 Feige

Zubereitung:

1. Den Ziegenkäse in vier gleichgroße Stücke schneiden.
2. Mit jeweils einem Salbeiblatt belegen und mit 2 Scheiben Speck umwickeln.
3. In den Garkorb legen und bei 220° Celsius für 5 Minuten knusprig braten.
4. Die Feige aufschneiden und zusammen mit dem Ziegenkäse anrichten.

Notizen

_____
_____
_____

Leckeres Gemüse als Beilage oder Snack aus der Heißluftfritteuse

Überbackene Kartoffeln

Kalorien: 86,8 kcal | Eiweiß: 6,6 Gramm | Fett: 2,4 Gramm | Kohlenhydrate: 9,7 Gramm

Zutaten für eine Person:

1 Kartoffel gekocht | Salz und Pfeffer | 1 EL Frischkäse | 1 EL Petersilie gehackt | 1 EL Gouda gerieben

Zubereitung:

1. Die Kartoffel der Länge nach halbieren.
2. Den Frischkäse mit der Petersilie glatt rühren und mit Salz und Pfeffer abschmecken.
3. Auf der Kartoffel verteilen und mit dem Gouda bestreuen.
4. In den Garkorb legen und bei 170° Celsius für 9 Minuten gratinieren.

Notizen

_____

_____

_____

Artischocken und Tomaten

Kalorien: 63 kcal | Eiweiß: 0,9 Gramm | Fett: 4,6 Gramm |
Kohlenhydrate: 4,5 Gramm

Zutaten für eine Person:

2 Artischocken-Herzen | 1 Tomate | 1 Knoblauchzehe
| Salz und Pfeffer | 1 Zweig Thymian | 1 TL Olivenöl |
Saft einer halben Zitrone

Zubereitung:

1. Die Artischocken in jeweils 6 Teile schneiden, die Tomate grob würfeln, den Knoblauch blättrig schneiden und alles vermengen, salzen und pfeffern und in den mit Backpapier ausgelegten Garkorb geben.
2. Bei 180° Celsius für 10 Minuten garen.
3. Vor dem Servieren mit Olivenöl und Zitronensaft beträufeln.

Notizen

_____

_____

_____

Thai-Spargel im Speckmantel

Kalorien: 110,4 kcal | Eiweiß: 4,8 Gramm | Fett: 9,6 Gramm | Kohlenhydrate: 1,2 Gramm

Zutaten für eine Person:

12 Stangen Thai Spargel | 3 Scheiben Speck | 1 TL Chili-Öl

Zubereitung:

1. Den Spargel zu 4-er Paketen legen und jeweils mit einer Scheibe Speck umwickeln.
2. Mit dem Chili-Öl beträufeln, in den Garkorb legen und bei 180° Celsius für 8 Minuten frittieren.

Notizen

_____

_____

_____

Rosengemüse mit Nüssen

Kalorien: 191,4 kcal | Eiweiß: 7,7 Gramm | Fett: 13,4 Gramm | Kohlenhydrate: 10 Gramm

Zutaten für eine Person:

80 Gramm Rosenkohl | 1 EL Speck gewürfelt | 1/2 TL Honig | 2 EL Haselnüsse grob gehackt | etwas Pfeffer frisch gemahlen

Zubereitung:

1. Beim Rosenkohl die äußeren Blätter entfernen und vierteln und zusammen mit dem Speck in einen mit Backpapier ausgelegten Garkorb legen.
2. Bei 180° Celsius für 10 Minuten garen.
3. Die Haselnüsse mit dem Honig und dem Pfeffer vermengen und über das Gemüse träufeln.
4. Für weitere 10 Minuten bei 170° Celsius garen.

Notizen

_____

_____

_____

Krautroulade Veggie Style

Kalorien: 41,7 kcal | Eiweiß: 1,7 Gramm | Fett: 0,1 Gramm | Kohlenhydrate: 8,5 Gramm

Zutaten für eine Person:

2 Kohlblätter | 1 Kartoffel gekocht | 1/4 Zucchini | 1 EL Petersilie gehackt | 1 Messerspitze Senf scharf | 1 Prise Kümmel gemahlen | Salz und Pfeffer

Zubereitung:

1. Die Kohlblätter vom Strunk befreien und kurz in etwas kochendem Salzwasser blanchieren.
2. Die Kartoffel mit der Gabel zerdrücken und die Zucchini fein würfeln.
3. Zusammen mit der Petersilie, dem Senf, Kümmel, Salz und Pfeffer vermengen und die Kohlblätter damit befüllen.

4. Die Blätter einrollen und mit einem Zahnstocher fixieren.
5. In den Garkorb legen und bei 170° Celsius für 15 Minuten garen.

Notizen

_____

_____

_____

_____

_____

Gefüllte Tomate mit Reis und Schafskäse

Kalorien: 66,3 kcal | Eiweiß: 5 Gramm | Fett: 1,9 Gramm |
Kohlenhydrate: 7,3 Gramm

Zutaten für eine Person:

1 große Fleischtomate | 2 EL Reis gekocht | 1 EL
Petersilie gehackt | 20 Gramm Schafskäse | Salz und
Pfeffer | etwas Oregano getrocknet

Zubereitung:

1. Die Tomate an der Oberseite aufschneiden und
   mit einem Löffel vorsichtig das Fruchtfleisch
   entfernen.
2. Dieses mit dem gekochten Reis, der Petersilie,
   dem Schafskäse, Salz und Pfeffer und Oregano
   vermengen.
3. Die Tomate damit befüllen, den Deckel darauf
   setzen und in den Garkorb legen.
4. Bei 170° Celsius für 8 Minuten garen.

Notizen

_____

_____

_____

Gefüllte Paprika mit Lamm-Hackfleisch

Kalorien: 299,1 kcal | Eiweiß: 21,3 Gramm | Fett: 21,1 Gramm | Kohlenhydrate: 6 Gramm

Zutaten für eine Person:

1 grüne Paprika | 80 Gramm Lamm Hackfleisch | 1 Knoblauchzehe | 20 Gramm Zucchini | 1/2 TL Senf süß | 1 Eigelb | Salz und Pfeffer | etwas Thymian getrocknet

Zubereitung:

1. Die Paprika halbieren und von den Kernen befreien.
2. Den Knoblauch fein hacken und die Zucchini in kleine Würfel schneiden.
3. Zusammen mit dem Hackfleisch vermengen und mit Senf, Eigelb, Salz und Pfeffer anmachen und mit Thymian aromatisieren.
4. Die Masse in die Paprika füllen und diese in den Garkorb legen.
5. Bei 180° Celsius für 18 Minuten garen.

Notizen

_____

_____

_____

Gefüllte Aubergine mit Minze und Linsen

Kalorien: 124,1 kcal | Eiweiß: 5,6 Gramm | Fett: 6,5 Gramm | Kohlenhydrate: 10,8 Gramm

Zutaten für eine Person:

1/2 kleine Aubergine | 2 EL Linsen gekocht oder aus der Dose | 2 EL Frischkäse | 1 EL Minze gehackt | 1 EL Walnüsse gehackt | Salz und Pfeffer | 1 Spritzer Limettensaft

Zubereitung:

1. Mit einem Löffel die Aubergine vom Kerngehäuse befreien.
2. Die Linsen mit dem Frischkäse vermengen und mit Minze und Walnüssen verrühren.
3. Mit Salz, Pfeffer und Limettensaft würzen und wieder zurück in die Aubergine füllen.
4. In den Garkorb legen und bei 170° Celsius für 15 Minuten backen.

Notizen

_____

_____

_____

Gefüllte Pilze mit Kräuter und getrockneten Tomaten

Kalorien: 56,8 kcal | Eiweiß: 5,1 Gramm | Fett: 2,4 Gramm | Kohlenhydrate: 3,7 Gramm

Zutaten für eine Person:

2 große Champignons | 1 EL Hüttenkäse | 2 Tomaten getrocknet | 1/2 TL Basilikum gehackt | 1/2 TL Schnittlauch in Röllchen | Salz und Pfeffer

Zubereitung:

1. Von den Champignons den Stiel entfernen und sehr fein hacken.
2. Die getrockneten Tomaten ebenfalls klein schneiden und mit den gehackten Stielen vermengen.
3. Mit dem Hüttenkäse verrühren und mit Basilikum und Schnittlauch vermischen.

4. Mit Salz und Pfeffer abschmecken und die Masse in die Champignon Köpfe füllen.
5. In den Garkorb legen und bei 170° Celsius für 12 Minuten garen.

Notizen

_____

_____

_____

_____

_____

Knoblauch, Limetten Zucchini

Kalorien: 13,8 kcal | Eiweiß: 1,1 Gramm | Fett: 0,2 Gramm | Kohlenhydrate: 1,9 Gramm

Zutaten für eine Person:

1/2 Zucchini | 3 Knoblauchzehen | 1/2 TL Liebstöckl gehackt (Maggikraut) | 1/2 TL Pfeffer grob gemahlen | Saft und Abrieb einer halben unbehandelten Bio Limette

Zubereitung:

1. Die Zucchini und den Knoblauch blättrig schneiden und in den mit Backpapier ausgelegten Garkorb legen.
2. Bei 180° Celsius für 6 Minuten garen.
3. Aus dem Garkorb nehmen, anrichten und mit Liebstöckl, Pfeffer, Saft und Abrieb abschmecken und genießen.

Notizen

_____

_____

_____

Leckere Fischgerichte aus der Heißluftfritteuse

44

Seeteufel im schwarzen Mantel

Kalorien: 183,2 kcal | Eiweiß: 28,2 Gramm | Fett: 7,2 Gramm | Kohlenhydrate: 1,4 Gramm

Zutaten für eine Person:

130 Gramm Filet vom Seeteufel | Salz und Pfeffer | Saft einer halben Zitrone | 2 EL Sesam schwarz

Zubereitung:

1. Den Fisch salzen, pfeffern und gut mit Zitronensaft einreiben.
2. Im Sesam wälzen und diesen gut festdrücken.
3. Den Garkorb mit Backpapier auslegen und den Fisch hineinlegen.
4. Bei 120° Celsius für 30 Minuten garen.

Notizen

_____

_____

_____

Steirischer Saibling mit Kürbiskernen

Kalorien: 124,6 kcal | Eiweiß: 14,3 Gramm | Fett: 6,6 Gramm | Kohlenhydrate: 2 Gramm

Zutaten für eine Person:

130 Gramm Filet von Saibling | Salz und Pfeffer | 30 Gramm Hokkaido Kürbis | 1 TL Apfelessig | 1 TL Petersilie gehackt | 1 TL Frischkäse | 1/2 TL Kürbiskern Öl | 1 TL Kürbiskerne gehackt

Zubereitung:

1. Den Kürbis grob würfeln und in den mit Backpapier ausgelegten Garkorb legen.
2. Im Airfryer für 10 Minuten bei 200° Celsius backen.
3. Den Kürbis herausnehmen, mit Apfelessig, Petersilie, Frischkäse, Kürbiskernen zerdrücken und glatt rühren und mit Salz und Pfeffer würzen.

4. Den Fisch damit bestreichen und in den Garkorb legen.
5. Für 10 Minuten bei 190° Celsius garen und vor dem Servieren mit dem Kürbiskern Öl beträufeln.

Notizen

_____

_____

_____

_____

_____

Fischragout

Kalorien: 272,7 kcal | Eiweiß: 25,1 Gramm | Fett: 16,3 Gramm | Kohlenhydrate: 6,4 Gramm

Zutaten für eine Person:

50 Gramm Lachsfilet | 50 Gramm Alaska Seelachs | 1/2 Zwiebel rot | 1 Knoblauchzehe | 1/2 TL Olivenöl | 1/2 TL Currypulver gelb | 20 ml Weißwein | 100 ml Gemüsebrühe | 50 ml Sahne | 2 Garnelen | 2 Cherry Tomaten | 20 Gramm Fenchel | etwas Thymian | 1/2 TL Kerbel gehackt | Salz und Pfeffer

Zubereitung:

1. Die Fische in 1 cm große Würfel schneiden und mit der fein gehackten Zwiebel und dem klein geschnittenen Knoblauch im Olivenöl anbraten.
2. Dazu alles in den Gartopf geben und wenn möglich die Rührfunktion verwenden.

3. Alles bei 170° Celsius für 3 Minuten anrösten, das Currypulver hinzugeben und mit dem Weißwein ablöschen.
4. Für eine weitere Minuten köcheln und mit der Brühe aufgießen.
5. Die Sahne hinzugeben, die Tomaten halbieren und zusammen mit dem klein geschnittenen Fenchel und den Garnelen hinzugeben.
6. Mit Thymian aromatisieren und für 5 Minuten bei 170° Celsius köcheln.
7. Mit Salz und Pfeffer abschmecken und servieren.
8. Das Gericht kann auch in Geräten ohne Rührfunktion zubereitet werden - dazu einfach öfter mit einem Kochlöffel umrühren.

Notizen

_____

_____

_____

_____

_____

Forelle Müllerin

Kalorien: 163 kcal | Eiweiß: 16 Gramm | Fett: 8,2 Gramm |
Kohlenhydrate: 6,3 Gramm

Zutaten für eine Person:

150 Gramm Forellenfilet | Salz und Pfeffer | reichlich
Zitronensaft | 1 EL Weizenmehl | 1 EL Butter | 1 Zweig
Thymian

Zubereitung:

1. Den Fisch salzen, pfeffern und gut mit Zitrone einreiben.
2. Im Mehl wenden und die Butter in den Gartopf geben.
3. Den Thymian einlegen und den Fisch darauf platzieren.
4. Bei 180° Celsius den Fisch für 9 Minuten garen.

Notizen

_____

_____

_____

Zander mit Kartoffelschuppen

Kalorien: 119 kcal | Eiweiß: 23,3 Gramm | Fett: 0,6 Gramm | Kohlenhydrate: 5,1 Gramm

Zutaten für eine Person:

130 Gramm Filet vom Zander ohne Haut | Salz und Pfeffer | 1 kleine Kartoffel speckig | etwas Majoran

Zubereitung:

1. Den Fisch salzen und pfeffern und in den mit Backpapier ausgelegten Garkorb legen.
2. Mit Majoran bestreuen und die Kartoffel in dünne Scheiben schneiden.
3. Den Fisch damit belegen, damit diese wie Fischschuppen aussehen.
4. Bei 200° Celsius für etwa 9 Minuten garen.

Notizen

_____

_____

_____

Bier-Kabeljau

Kalorien: 263,7 kcal | Eiweiß: 39,1 Gramm | Fett: 6,9 Gramm | Kohlenhydrate: 11,3 Gramm

Zutaten für eine Person:

120 Gramm Kabeljau | Salz und Pfeffer | 1 Ei | 2 EL Mehl | 60 ml Bier | 1/2 TL Petersilie gehackt

Zubereitung:

1. Den Fisch salzen und pfeffer, das Ei trennen und das Eiweiß zu einem steifen Schnee verarbeiten.
2. Das Eigelb mit dem Bier verquirlen und mit dem Mehl glatt rühren, die Petersilie untermischen und den Eischnee behutsam unterheben.
3. Den Fisch durchziehen und in den mit Backpapier ausgelegten Garkorb legen.
4. Bei 190° Celsius für 10 Minuten backen.

Notizen

_____

_____

_____

Fischstäbchen im Kokos-Backteig

Kalorien: 333,4 kcal | Eiweiß: 33,3 Gramm | Fett: 19,8 Gramm | Kohlenhydrate: 5,5 Gramm

Zutaten für eine Person:

130 Gramm Alaska Seelachs Filet | Salz und Pfeffer | etwas Limettensaft | 1 Ei | 50 ml Kokosmilch | 2 EL Kokosmehl | 1 EL Kokosraspeln

Zubereitung:

1. Den Fisch in Stäbchen schneiden, salzen, pfeffern und mit Zitronensaft säuern.
2. Das Ei mit der Kokosmilch verquirlen und mit dem Kokosmehl glatt rühren.
3. Die Kokosraspeln einrühren - der Teig sollte schön dickflüssig sein.
4. Die Fischstäbchen durchziehen und in den mit Backpapier ausgelegten Garkorb legen.
5. Bei 170° Celsius für 10 Minuten im Airfryer frittieren.

Notizen

_____

_____

_____

Garnelen mit Papaya

Kalorien: 144,5 kcal | Eiweiß: 15,6 Gramm | Fett: 6,9 Gramm | Kohlenhydrate: 5 Gramm

Zutaten für eine Person:

130 Gramm Garnelen geschält und geputzt | 50 Gramm Papaya | Saft und Abrieb einer unbehandelten Bio Limette | Salz und Pfeffer | 1 EL Butter | 1 EL Koriander gehackt | 1 Chili rot

Zubereitung:

1. Die Papaya in 1 cm große Würfel schneiden und die Chili fein hacken.
2. Die Garnelen halbieren und mit der Papaya vermengen.
3. Mit Saft und Abrieb der Limette und der Chili würzen und mit Salz und Pfeffer abschmecken.

4. Zusammen mit der Butter in den Airfryer geben und wenn möglich mit der Rührfunktion für 6 Minuten bei 180° Celsius garen.
5. Mit Koriander vermengen, kurz durchziehen lassen und anrichten.

Notizen

_____

_____

_____

_____

_____

Fisch in der Müslihülle

Kalorien: 265,7 kcal | Eiweiß: 31,1 Gramm | Fett: 10,9 Gramm | Kohlenhydrate: 10,8 Gramm

Zutaten für eine Person:

120 Gramm Filet vom Pangasius oder einem anderen Barsch | 1 EL Mandelmehl | 1 Ei | 1 TL Frischkäse | 3 EL Müsli | Salz und Pfeffer | etwas Zitronensaft

Zubereitung:

1. Den Fisch salzen und pfeffern und mit etwas Zitronensaft säuern.
2. Im Mandelmehl wälzen.
3. Das Ei mit dem Frischkäse verquirlen und den Fisch darin durchziehen.
4. Mit dem Müsli ummanteln und leicht andrücken.
5. In den mit Backpapier ausgelegten Garkorb legen und bei 170° Celsius für 7 Minuten backen.

Notizen

_____

_____

_____

Gebackene Tintenfisch-Ringe

Kalorien: 206,5 kcal | Eiweiß: 22 Gramm | Fett: 4,9 Gramm |
Kohlenhydrate: 18,6 Gramm

Zutaten für eine Person:

130 Gramm Tintenfisch Ringe | Salz und Pfeffer | 1 EL
Mehl | 1 Ei | 1 EL Pernod | 2 EL Panko Mehl

Zubereitung:

1. Den Tintenfisch salzen und pfeffern und im
   Mehl gut wälzen.
2. Das Ei mit dem Pernod oder ähnlichem
   Anisschnaps verquirlen und den Tintenfisch
   durchziehen.
3. Im Panko Mehl panieren und in den Garkorb
   legen.
4. Bei 190° Celsius für 5 Minuten frittieren.
5. Vor dem genießen nach Bedarf mit etwas
   Zitronensaft beträufeln.

Notizen

_____
_____
_____

Fleischgerichte aus der Heißluftfritteuse

Hühner-Nuggets in der Chips Panade

Kalorien: 441,3 kcal | Eiweiß: 45,8 Gramm | Fett: 20,5 Gramm | Kohlenhydrate: 18,4 Gramm

Zutaten für eine Person:

120 Gramm Hühnerbrust | 1 EL Maismehl | 1 Ei | 1 Messerspitze Cayenne Pfeffer | 30 Gramm Chips nach Wahl

Zubereitung:

1. Die Hühnerbrust dünn klopfen und in Nuggets schneiden.
2. Mit Cayenne Pfeffer würzen und im Maismehl wälzen.
3. Das Ei verquirlen und die Nuggets durchziehen.
4. Anschließend die Chips grob in einem Gefrierbeutel zerbröseln und die Nuggets darin panieren.

5. Den Garkorb mit Backpapier auslegen und die Hühnernuggets hineingeben.
6. Bei 180° Celsius für 9 Minuten backen.

Notizen

_____

_____

_____

_____

_____

Feurige Puten-Fingers im Backteig

Kalorien: 256,9 kcal | Eiweiß: 35,5 Gramm | Fett: 6,1 Gramm | Kohlenhydrate: 15 Gramm

Zutaten für eine Person:

130 Gramm Putenbrust | 1 EL Kartoffelstärke | 1 Ei | 30 ml Weißwein | 1/2 TL Paprikapulver scharf | 1 Messerspitze Ingwer gemahlen | 2 EL Mehl | Salz und Pfeffer

Zubereitung:

1. Die Pute klopfen, salzen und pfeffern und in gleichgroße Streifen schneiden.
2. Die Fingers in der Kartoffelstärke wälzen.
3. Das Ei mit dem Weißwein verquirlen und mit Paprika und Ingwer würzen.
4. Mit dem Mehl zu einem dickflüssigen Backteig verrühren.
5. Die Pute durchziehen und in den mit Backpapier ausgelegten Garkorb geben.
6. Bei 180° Celsius für 6 Minuten im Airfryer backen.

Notizen

_____
_____
_____

Saltimbocca mit Speck

Kalorien: 178,7 kcal | Eiweiß: 24,8 Gramm | Fett: 8,7 Gramm | Kohlenhydrate: 0,3 Gramm

Zutaten für eine Person:

130 Gramm Kalbsschnitzel | Salz und Pfeffer | 3 Salbeiblätter | 2 dünne Scheiben Parma Schinken | 1/2 TL Butter | etwas Abrieb einer unbehandelten Bio Limette

Zubereitung:

1. Die Butter mit dem Limettenabrieb in den Airfryer geben und das Schnitzel auf 0,5 cm klopfen.
2. Salzen und pfeffern und mit dem Salbei belegen, die Kräuter gut andrücken und das Schnitzel mit dem Parmaschinken belegen.
3. Ebenfalls in den Airfryer geben und bei 200° Celsius für 6 Minuten braten.

4. Du kannst anstatt des Parma Schinkens auch Schwarzwälder Schinken verwenden.
5. Anstatt Kalbsfleisch eignet sich auch Pute ganz hervorragend für dieses Gericht.

Notizen

_____

_____

_____

_____

_____

Italienisches Cordon Bleu

Kalorien: 304,3 kcal | Eiweiß: 32,8 Gramm | Fett: 9,5 Gramm | Kohlenhydrate: 21,9 Gramm

Zutaten für eine Person:

120 Gramm Kalbsschnitzel | 3 Scheiben Tomate | 3 dünne Scheiben Mozzarella | 3 Blatt Basilikum | 1 EL Mehl | 1 Ei | etwas Oregano | 3 EL Semmelbrösel | Salz und Pfeffer

Zubereitung:

1. Das Fleisch dünn klopfen, salzen und pfeffern und mit der Tomate, dem Mozzarella und dem Basilikum belegen und einklappen.
2. Das Fleisch mit einem Zahnstocher fixieren und im Mehl wälzen.
3. Das Ei mit dem Oregano verquirlen und das Cordon Bleu darin baden.
4. In den Semmelbrösel panieren und diese gut andrücken.
5. Das Fleisch in den Garkorb legen und bei 170° Celsius für 12 Minuten im Airfryer frittieren.

Notizen

_____

_____

_____

Schweinemedaillons in Apfel-Panade

Kalorien: 234,3 kcal | Eiweiß: 29,6 Gramm | Fett: 10,3 Gramm | Kohlenhydrate: 5,8 Gramm

Zutaten für eine Person:

120 Gramm Schweinefilet | Salz und Pfeffer | 1/2 Apfel | 1 EL Nüsse gerieben | etwas Thymian | 1/2 TL Minze gehackt | 1 TL Senf süß

Zubereitung:

1. Das Schweinefilet in drei gleichgroße Medaillons schneiden und diese mit dem Handrücken leicht flach drücken.
2. Das Fleisch salzen und pfeffern und den Apfel fein reiben.
3. Mit den Nüssen vermengen und mit Thymian, Minze und Senf abschmecken.
4. Mit Salz und Pfeffer würzen und auf dem Fleisch verteilen.
5. In den Garkorb legen und bei 170° Celsius für 10 Minuten garen.

Notizen

_____

_____

_____

Zitronige Hühnerkeulen

Kalorien: 159,6 kcal | Eiweiß: 31 Gramm | Fett: 3,6 Gramm | Kohlenhydrate: 0,8 Gramm

Zutaten für eine Person:

1 Hühnerkeule ca. 180 Gramm | Salz und Pfeffer | Saft und Abrieb einer halben unbehandelten Bio Zitrone | 1/2 TL Thymian getrocknet | 1 Messerspitze Paprikapulver scharf | 1 Prise Kümmel gemahlen | 1 Messerspitze Ingwer gerieben

Zubereitung:

1. Salz und Pfeffer mit Saft und Abrieb der Zitrone vermengen und mit Thymian, Paprika, Kümmel und Ingwer eine Würzmischung zaubern.
2. Damit das Huhn gut einreiben und für 10 Minuten marinieren lassen.
3. In den Garkorb legen und für 35 Minuten bei 170° Celsius braten.

Notizen

_____

_____

_____

Bauern Steak

Kalorien: 380,2 kcal | 31,1 Eiweiß: Gramm | Fett: 27 Gramm |
Kohlenhydrate: 3,2 Gramm

Zutaten für eine Person:

150 Gramm Schweinenacken | 2 EL Speck gewürfelt |
1/2 Zwiebel | 1 Gewürzgurke | 1/2 Birne | einige
Nadeln Rosmarin | Salz und Pfeffer

Zubereitung:

1. Das Fleisch salzen und pfeffern und in einen
   mit Backpapier ausgelegten Garkorb geben.
2. Zwiebel und Gewürzgurke in Streifen
   schneiden und zusammen mit der gewürfelten
   Birne und dem Speck ebenfalls in den Garkorb
   geben.
3. Mit Rosmarin aromatisieren und dezent salzen
   und pfeffern.
4. Bei 170° Celsius für 12 Minuten garen.

Notizen

_____

_____

_____

Kalbsrücken-Steak mit Möhren-Rösti

Kalorien: 126 kcal | Eiweiß: 16,9 Gramm | Fett: 3,2 Gramm |
Kohlenhydrate: 7,4 Gramm

Zutaten für eine Person:

150 Gramm Kalbsrücken | Salz | Steak-Pfeffer | 1/2 TL
Senf scharf | 1/2 Möhre | 1/4 Apfel | 1/2 TL Maismehl |
etwas Majoran

Zubereitung:

1. Das Fleisch mit Senf bestreichen, salzen und mit Steak-Pfeffer würzen.
2. Die Möhre und den Apfel fein raspeln und mit dem Maismehl vermengen.
3. Mit Salz und Pfeffer würzen und mit Majoran aromatisieren.
4. Das Fleisch in den Garkorb legen und bei 100° Celsius für 20 Minuten garen.

5. Aus der Masse mit feuchten Händen Rösti formen und neben das Fleisch legen.
6. Bei 180° Celsius für 12 Minuten beides fertig braten.

Notizen

_____
_____
_____
_____
_____

Parmesanschnitzel

Kalorien: 316,2 kcal | Eiweiß: 42,8 Gramm | Fett: 12,6 Gramm | Kohlenhydrate: 7,9 Gramm

Zutaten für eine Person:

130 Gramm Putenschnitzel | 1 EL Mehl | 1 Ei | 2 EL Parmesan fein gerieben | 1 Messerspitze Paprikapulver süß | etwas Abrieb einer unbehandelten Zitrone | frisch gemahlener Pfeffer

Zubereitung:

1. Die Pute dünn klopfen und im Mehl wälzen.
2. Das verquirlen und mit dem Parmesan vermengen.
3. Mit Paprika, Zitronenabrieb und frisch gemahlenem Pfeffer würzen und das Fleisch durchziehen.
4. Den Garkorb mit Backpapier auslegen und die Pute hinein legen.
5. Bei 170° Celsius für 12 Minuten im Airfryer frittieren.

Notizen

_____

_____

_____

Hackfleisch Frittata

Kalorien: 462,6 kcal | Eiweiß: 39,1 Gramm | Fett: 31,4 Gramm | Kohlenhydrate: 5,9 Gramm

Zutaten für eine Person:

120 Gramm Rinderhack mager | 1/2 Zwiebel | 2 Knoblauchzehen | Salz und Pfeffer | 1/2 Paprika rot | 1/4 Zucchini | etwas Majoran | 1 EL Petersilie gehackt | 2 Eier | 3 EL saure Sahne | 2 EL Ricotta

Zubereitung:

1. Zwiebel und Knoblauch fein hacken und die Paprika und die Zucchini klein würfeln.
2. Mit dem Rinderhack vermengen und zusammen in den Airfryer geben.
3. Salzen und pfeffern und unter Verwendung der Rührfunktion für 10 Minuten bei 150° Celsius anbraten.

4. Die Eier mit der sauren Sahne und dem Ricotta verquirlen und mit Petersilie und Majoran würzen.
5. Über das Hackfleisch gießen und nun für weitere 15 Minuten bei 170° Celsius braten.
6. Nun die Rührfunktion nicht mehr verwenden, sonst wird es statt einer Frittata ein Rührei.

Notizen

_____

_____

_____

_____

_____

Schnelle Abendessen aus der Heißluftfritteuse

Gebratener Tintenfisch

Kalorien: 124,4 kcal | Eiweiß: 15,7 Gramm | Fett: 6 Gramm |
Kohlenhydrate: 1,9 Gramm

Zutaten für eine Person:

2 Tintenfisch Tuben | 1 TL Chili Öl | Saft einer halben
Zitrone | Salz und Pfeffer | 1 EL Quark | 1 TL Minze
gehackt | 1 Messerspitze Ingwer fein gerieben

Zubereitung:

1. Die Tintenfische in der Mitte durchschneiden
   und in die Außenseite mit einem scharfen
   Messer Rauten schneiden.
2. In den Garkorb legen und bei 200° Celsius für 3
   Minuten frittieren.
3. Das Chili Öl mit dem Zitronensaft, Salz und
   Pfeffer verrühren und den Tintenfisch damit
   würzen.
4. Den Quark mit der Minze und dem Ingwer glatt
   rühren, leicht salzen und pfeffern und
   zusammen mit dem Tintenfisch als Dip
   servieren.

Notizen

_____

_____

_____

Gebackener Mozzarella

Kalorien: 413 kcal | Eiweiß: 38 Gramm | Fett: 15,4 Gramm | Kohlenhydrate: 30,6 Gramm

Zutaten für eine Person:

1 Kugel Mozzarella mit 125 Gramm | frisch gemahlener Pfeffer | 1 EL Mehl | 1 Ei | 2 EL Milch | 1 EL Basilikum gehackt | 4 EL Paniermehl

Zubereitung:

1. Die Mozzarella in Scheiben schneiden und mit dem frisch gemahlenen Pfeffer würzen.
2. In Mehl wälzen und das Ei mit der Milch und dem gehackten Basilikum verquirlen.
3. Die Mozzarella durchziehen und im Paniermehl wälzen.
4. Noch einmal durch das Ei ziehen und ein weiteres Mal panieren.

5. Die Panade gut fest drücken und den Mozzarella in den Garkorb legen.
6. Bei 170° Celsius für 6 Minuten backen.

Notizen

_____

_____

_____

_____

_____

Gebackener Parasol

Kalorien: 204,6 kcal | Eiweiß: 12,9 Gramm | Fett: 6,6 Gramm | Kohlenhydrate: 23,4 Gramm

Zutaten für eine Person:

100 Gramm Parasol | Salz und Pfeffer | 1 EL Mehl | 1 Ei | 2 EL Milch | 1 Prise Kümmel gemahlen | etwas Majoran getrocknet | 2 EL Semmelbrösel | 2 EL Joghurt | 1/4 Gurke | 1 Knoblauchzehe

Zubereitung:

1. Die Pilze kräftig salzen und pfeffern und im Mehl wälzen.
2. Das Ei mit der Milch verquirlen und mit Kümmel und Majoran würzen.
3. Die Pilze durchziehen und in den Bröseln panieren.

4. In den Garkorb legen und bei 170° Celsius für 10 Minuten backen.
5. Die Gurke raspeln und den Knoblauch fein hacken und beides mit dem Joghurt vermengen, salzen und pfeffern und zusammen mit den Pilzen als Dip servieren.

Notizen

_____

_____

_____

_____

_____

Kalorien: 642,9 kcal | Eiweiß: 24,2 Gramm | Fett: 20,1 Gramm |
Kohlenhydrate: 91,3 Gramm

Zutaten für eine Person:

1/2 Pizzateig fertig (roh ca. 200 Gramm) | 50 Gramm
Pizzatomaten | 30 Gramm Mozzarella gerieben | 20
Gramm Schinken | 40 Gramm Ananas | etwas
Oregano

Zubereitung:

1. Den Pizzateig in den mit Backpapier
   ausgelegten Garkorb geben und mit den
   Pizzatomaten bestreichen.
2. Mit der Mozzarella bestreuen und mit
   gewürfeltem Schinken und gewürfelten Ananas
   belegen.
3. Mit Oregano bestreuen und bei 200° Celsius für
   15 Minuten backen.

Notizen

_____

_____

_____

Gebackene Röllchen mit Schinken und Käse

Kalorien: 295,7 kcal | Eiweiß: 227,9 Gramm | Fett: 10,9 Gramm | Kohlenhydrate: 21,5 Gramm

Zutaten für eine Person:

4 Scheiben Schinken gekocht | 4 Scheiben Käse | 2 EL Frischkäse | 1 EL Mehl | 1 Ei | etwas Majoran | 2 EL Semmelbrösel

Zubereitung:

1. Jeweils eine Scheibe Käse auf eine Scheibe Schinken legen und mit dem Frischkäse bestreichen.
2. Zu Röllchen eindrehen und im Mehl wälzen.
3. Das Ei mit Majoran verquirlen und die Röllchen durchziehen.
4. In den Bröseln panieren und in den Garkorb legen.
5. Bei 180° Celsius für 6 Minuten im Airfryer frittieren.

Notizen

_____

_____

_____

Indisches Curry-Steak

Kalorien: 186,9 kcal | Eiweiß: 35,5 Gramm | Fett: 3,7 Gramm |
Kohlenhydrate: 2,9 Gramm

Zutaten für eine Person:

130 Gramm Putensteak | 2 EL Joghurt | 1/2 TL
Currypulver gelb | 1 Messerspitze Kardamom
gemahlen | etwas Sojasauce | 1 Messerspitze
Cayenne Pfeffer | 1 Spritzer Limettensaft | 1 TL
Koriander zum Bestreuen

Zubereitung:

1. Das Joghurt mit dem Curry glatt rühren und mit
   Kardamom, Sojasauce, Cayenne Pfeffer und
   Limettensaft würzen.
2. Die Pute etwas klopfen und für mindestens 30
   Minuten in der Marinade ziehen lassen.
3. Den Garkorb mit Backpapier auslegen und das
   Fleisch hineingeben. Bei 170° Celsius für 14
   Minuten garen.

Notizen

_____

_____

_____

Gebackene Eier mit Wasabi Dip

Kalorien: 348,9 kcal | Eiweiß: 24,1 Gramm | Fett: 18,5 Gramm | Kohlenhydrate: 21,5 Gramm

Zutaten für eine Person:

2 gekochte Eier | 1 EL Mehl | 1 Ei | Salz und Pfeffer | 2 EL Semmelbrösel | 1 EL Hüttenkäse | 1 Messerspitze Wasabi | 1 Spritzer Limettensaft

Zubereitung:

1. Die gekochten Eier schälen und im Mehl wälzen.
2. Das Ei mit Salz und Pfeffer verquirlen und die gekochten Eier darin durchziehen.
3. In den Bröseln panieren und in den Garkorb legen.
4. Bei 170° Celsius für 6 Minuten frittieren.
5. In der Zwischenzeit den Hüttenkäse mit dem Wasabi und dem Limettensaft glatt rühren, nach Bedarf salzen und zusammen mit den gebackenen Eiern anrichten.

Notizen

_____

_____

_____

Gebackener Blauschimmel-Käse

Kalorien: 570,1 kcal | Eiweiß: 20,9 Gramm | Fett: 41,3 Gramm | Kohlenhydrate: 28,7 Gramm

Zutaten für eine Person:

80 Gramm Blauschimmel Käse (Bavaria Blue oder Gorgonzola) | 1 EL Maismehl | 1 Ei | 3 EL Milch | 4 EL Semmelbrösel

Zubereitung:

1. Den Käse im Maismehl wälzen und das Ei mit der Milch verquirlen.
2. Den Käse durchziehen und in den Bröseln panieren.
3. In den Garkorb legen und für 7 Minuten bei 170° Celsius backen.

Notizen

_____

_____

_____

Gebackene Melba Roulade

Kalorien: 331,1 kcal | Eiweiß: 42,5 Gramm | Fett: 10,7 Gramm | Kohlenhydrate: 16,2 Gramm

Zutaten für eine Person:

120 Gramm Putenschnitzel | 1 Scheibe Schinken | 1 Scheibe Käse | 1/2 Pfirsich frisch oder aus der Dose | Salz und Pfeffer | 1 EL Mehl | 1 Ei | 1 EL Semmelbrösel | 1 EL Mandeln gerieben

Zubereitung:

1. Die Pute sehr dünn klopfen, salzen und pfeffern und mit Schinken, Käse und Pfirsich (in Scheiben geschnitten) belegen.
2. Zusammenklappen und mit einem Zahnstocher fixieren.
3. Im Mehl wälzen.
4. Das Ei verquirlen und das Schnitzel durchziehen.
5. Die Bröseln mit den Mandeln vermengen und die Pute darin panieren.
6. In den Garkorb legen und bei 180° Celsius für 12 Minuten backen.

Notizen

_____

_____

_____

Kalbsleber in Kräuter-Panade

Kalorien: 367,3 kcal | Eiweiß: 35,2 Gramm | Fett: 21,3 Gramm | Kohlenhydrate: 8,7 Gramm

Zutaten für eine Person:

120 Gramm Kalbsleber | 1 EL Mehl | 1 Ei | 2 EL Milch | 2 EL Walnüsse gerieben | 1 TL Petersilie gehackt | 1 TL Kerbel gehackt | etwas Majoran getrocknet | Salz und Pfeffer

Zubereitung:

1. Die Kalbsleber in Mehl wälzen und das Ei mit der Milch, Salz und Pfeffer verquirlen.
2. Die Leber durchziehen und die Walnüsse mit der Petersilie, Kerbel und Majoran vermengen.
3. Die Leber darin panieren und die Panade gut andrücken.
4. In den Garkorb legen und bei 170° Celsius für 7 Minuten backen.

Notizen

_____

_____

_____

Fleischlaibchen im Speckmantel

Kalorien: 536,9 kcal | Eiweiß: 47,3 Gramm | Fett: 32,1 Gramm | Kohlenhydrate: 14,7 Gramm

Zutaten für eine Person:

150 Gramm Hackfleisch gemischt | 1 Messerspitze Senf scharf | 1/2 TL Paprikapulver scharf | 1 Messerspitze Kümmel gemahlen | Salz und Pfeffer | 1 trockenes Brötchen vom Vortag | 1 Ei | 1 TL Petersilie gehackt | 2 TL Frischkäse | 6 dünne Scheiben Bacon

Zubereitung:

1. Das Brötchen in Wasser einweichen, ausdrücken und mit dem Hackfleisch vermengen.
2. Mit Senf, Paprika, Kümmel, Salz und Pfeffer würzen.
3. Das Ei und die Petersilie einarbeiten und gut durchkneten.
4. Aus der Masse zwei Laibchen formen.

5. Den Frischkäse in die Mitte der Laibchen setzen.
6. Mit dem Bacon umwickeln und in den Garkorb legen.
7. Für 15 Minuten bei 180° Celsius backen.

Notizen

_____

_____

_____

_____

_____

Zucchini-Taler mit Frischkäse

Kalorien: 197,8 kcal | Eiweiß: 11,9 Gramm | Fett: 14,2 Gramm | Kohlenhydrate: 5,6 Gramm

Zutaten für eine Person:

1/2 Zucchini | 1 EL Frischkäse | 1 EL Walnüsse fein gerieben | 1 EL Haferkleie | 1 TL Leinsamen | Salz und Pfeffer | 1 Prise Kardamom gemahlen | 1 EL Koriander gehackt | 1 Ei

Zubereitung:

1. Die Zucchini grob raspeln und mit den restlichen Zutaten vermengen.
2. Nach Bedarf salzen und pfeffern und mit feuchten Händen zu Talern formen.
3. Den Garkorb mit Backpapier auslegen und die Taler darauf setzen.
4. Bei 170° Celsius für 10 Minuten backen.

Notizen

_____

_____

_____

Schweineschnitzel im Kartoffel-Mantel

Kalorien: 314,3 kcal | Eiweiß: 31,1 Gramm | Fett: 15,9 Gramm | Kohlenhydrate: 11,7 Gramm

Zutaten für eine Person:

130 Gramm Schweineschnitzel | 1 Messerspitze Dijon Senf | Salz und Pfeffer | 80 Gramm mehlige Kartoffeln | 1 TL Kartoffelstärke | 1 Eigelb | 1 Prise Muskat gemahlen

Zubereitung:

1. Das Schnitzel dünn klopfen, mit dem Dijon Senf bestreichen, salzen und pfeffern.
2. Die Kartoffeln fein raspeln und mit der Stärke und dem Eigelb vermengen.
3. Mit Salz und Pfeffer abschmecken und mit Muskat würzen.
4. Das Schnitzel damit ummanteln und in den mit Backpapier ausgelegten Garkorb legen.
5. Bei 170° Celsius für 18 Minuten backen.

Notizen

_____

_____

_____

Rehrücken im Kürbis-Mantel

Kalorien: 154,4 kcal | Eiweiß: 28,8 Gramm | Fett: 4,8 Gramm |
Kohlenhydrate: 3 Gramm

Zutaten für eine Person:

150 Gramm Rehrücken | 1 EL Preiselbeeren | 2 EL
Rotwein trocken | 1/2 TL Rosmarin fein gehackt | 6
dünne Scheiben Hokkaido Kürbis | Salz und Pfeffer

Zubereitung:

1. Das Fleisch salzen und pfeffern.
2. Die Preiselbeeren mit dem Rotwein und dem
   Rosmarin vermengen und den Rehrücken
   damit bestreichen.
3. Den Kürbis um das Fleisch wickeln, salzen und
   pfeffern und in den Garkorb legen.
4. Bei 170° Celsius für 18 Minuten garen.

Notizen

_____
_____
_____

Chicken Wings

Kalorien: 399,1 kcal | Eiweiß: 32,2 Gramm | Fett: 25,5 Gramm | Kohlenhydrate: 10,2 Gramm

Zutaten für eine Person:

180 Gramm Hühner Flügel | 100 ml Cola | 2 EL Ketchup | 1/2 TL Currypulver gelb | Salz und Pfeffer | 1/2 TL Paprikapulver scharf | 1 EL Maisstärke

Zubereitung:

1. Die Cola mit dem Ketchup und dem Curry verrühren.
2. Salzen und pfeffern und mit Paprika würzen.
3. Zusammen einmal aufkochen lassen und die Chicken Wings in eine Schüssel geben.
4. Mit der noch heißen Marinade übergießen und am besten über Nacht ziehen lassen.
5. Aus der Marinade nehmen, den Garkorb mit Backpapier auslegen und die Hühnchen in Maisstärke wälzen.
6. Im Garkorb für 20 Minuten bei 180° Celsius backen.

Notizen

_____

_____

_____

Kalbsschnitzel mit Speck und Champignons

Kalorien: 246,9 kcal | Eiweiß: 31,3 Gramm | Fett: 12,1 Gramm | Kohlenhydrate: 3,2 Gramm

Zutaten für eine Person:

150 Gramm Kalbsschnitzel | Salz und Pfeffer | 30 Gramm Speck gewürfelt | 50 Gramm Champignons | 1 Knoblauchzehe | 1 EL Balsamico Essig | 1 EL Petersilie

Zubereitung:

1. Das Schnitzel salzen und pfeffern und in den Garkorb legen.
2. Bei 180° Celsius für 8 Minuten backen.
3. Aus dem Airfryer nehmen und im Ofen bei 50° Celsius warm stellen.
4. Die Champignons und den Knoblauch blättrig schneiden und zusammen mit dem Speck in den Airfryer geben.
5. Bei 200° Celsius für 7 Minuten knusprig braten.

6. Mit dem Balsamico Essig ablöschen und mit der Petersilie vermengen und nach Bedarf mit Salz und Pfeffer abschmecken.
7. Zusammen mit dem Schnitzel anrichten.

Notizen

_____

_____

_____

_____

_____

Hirsch mit Aprikosen und Nüssen

Kalorien: 227 kcal | Eiweiß: 26 Gramm | Fett: 8,6 Gramm |
Kohlenhydrate: 11,4 Gramm

Zutaten für eine Person:

150 Gramm Hirschrücken | 1 Schalotte | 8 Aprikosen |
1 Chili rot | 2 Stück getrocknete Tomaten | etwas
Thymian | Salz und Pfeffer | 1 Prise Zimt | 1 Prise
Nelkenpulver | etwas Abrieb einer unbehandelten Bio
Orange | 1 TL Schmand | 1 EL Petersilie gehackt zum
Bestreuen

Zubereitung:

1. Das Fleisch in 1 cm große Streifen schneiden.
2. Aus Salz, Pfeffer, Zimt, Nelke und Abrieb der
   Orange eine Würzmischung zaubern und das
   Fleisch damit marinieren.
3. Die Schalotte, Aprikosen, Chili und getrocknete
   Tomaten klein schneiden und mit dem Fleisch
   und dem Thymian vermengen.

4. Alles nach Belieben salzen und pfeffern.
5. Den Garkorb mit Backpapier auslegen und alles hineingeben.
6. Bei 180° Celsius für 15 Minuten garen, anrichten und mit Schmand und Petersilie verfeinern.

Notizen

_____

_____

_____

_____

_____

Gebackener Som Tam - Thai Style

Kalorien: 198,4 kcal | Eiweiß: 15,1 Gramm | Fett: 6,4 Gramm |
Kohlenhydrate: 20,1 Gramm

Zutaten für eine Person:

80 Gramm unreife, grüne Papaya | 1/4 Möhre | 2
Garnelen ohne Schale und geputzt | 50 ml Buttermilch
| 1 Ei | 3 EL Reismehl | etwas Abrieb einer
unbehandelten Limette | 1 Spritzer Sojasauce

Zubereitung:

1. Papaya und Möhre in dünne Streifen schneiden
   und die Garnelen halbieren.
2. Die Buttermilch mit dem Ei verquirlen und mit
   dem Reismehl zu einem dickflüssigen Backteig
   rühren.
3. Mit dem Abrieb der Limette und der Sojasauce
   würzen und die Papaya, Möhren und Garnelen
   durchziehen.
4. Den Garkorb mit Backpapier auslegen und
   alles hineingeben.
5. Bei 200° Celsius für 8 Minuten im Airfryer
   frittieren.

Notizen

_____

_____

_____

Münchner Schnitzel

Kalorien: 332,7 kcal | Eiweiß: 34,9 Gramm | Fett: 11,1 Gramm | Kohlenhydrate: 23,3 Gramm

Zutaten für eine Person:

130 Gramm Schweineschnitzel | 1 TL Senf süß | 1 TL Meerrettich frisch gerieben | 1 Messerspitze Ingwer fein gerieben | 1 EL Mehl | 1 Ei | 3 EL Bierbrezen altbacken und fein gerieben

Zubereitung:

1. Das Schnitzel dünn klopfen.
2. Den Senf mit dem Ingwer vermengen und das Fleisch damit bestreichen.
3. Mit dem Meerrettich bestreuen und gut andrücken.
4. Das Fleisch im Mehl wälzen, das Ei verquirlen und das Schnitzel durchziehen und in der geriebenen Breze panieren.
5. In den Garkorb legen und bei 170° Celsius für 14 Minuten backen.

Notizen

_____

_____

_____

Currywurst

Kalorien: 346,1 kcal | Eiweiß: 13,2 Gramm | Fett: 26,9 Gramm | Kohlenhydrate: 13,2 Gramm

Zutaten für eine Person:

1 Bockwurst | 1/2 Zwiebel | 1 Knoblauchzehe | 60 Gramm Dosentomaten | 2 EL Ketchup | 1/2 TL Paprikapulver süß | 1 Messerspitze Paprikapulver scharf | 1/2 TL Currypulver | 1 Messerspitze Ingwer fein gerieben | 1 Prise Zucker | Salz und Pfeffer | etwas Curry zum Bestreuen

Zubereitung:

1. Die Wurst einschneiden und in den Garkorb legen.
2. Bei 200° Celsius für 3 Minuten braten und wieder herausnehmen.
3. Zwiebel und Knoblauch fein hacken und mit den Dosentomaten und dem Ketchup vermengen.

4. Mit Paprika, Curry, Ingwer, Zucker, Salz und Pfeffer würzen und in den Topf des Airfryers geben.
5. Mit der Rührfunktion bei 170° Celsius für 8 Minuten garen.
6. Die Wurst in die Sauce geben und für weitere 3 Minuten bei 170° Celsius braten.
7. Anrichten und großzügig mit Curry bestreuen.

Notizen

_____

_____

_____

_____

_____

Verführerische Desserts aus der Heißluftfritteuse

Gegrillte Bananen in der Schale

Kalorien: 142,6 kcal | Eiweiß: 1,6 Gramm | Fett: 6,2 Gramm | Kohlenhydrate: 20,1 Gramm

Zutaten für eine Person:

1 reife Banane | 1 TL Ahornsirup | 1 EL Kokosraspeln

Zubereitung:

1. Die Banane samt Schale in den Garkorb legen und bei 200° Celsius für 12 Minuten backen.
2. Herausnehmen, der Länge nach halbieren und mit Ahornsirup und Kokosraspeln verfeinern.
3. Vorsicht beim Öffnen, die Banane ist sehr heiß.
4. Du kannst anstatt Ahornsirup auch Honig, oder Nutella verwenden.

Notizen

_____

_____

_____

Pfirsich mit süßem Ricotta

Kalorien: 94,3 kcal | Eiweiß: 1,8 Gramm | Fett: 1,5 Gramm | Kohlenhydrate: 18,4 Gramm

Zutaten für eine Person:

1 Pfirsich | 2 EL Ricotta | 1/2 Packung Vanillezucker | 1 TL Zucker | 1 TL Minze gehackt | etwas Limettensaft | frisch gemahlener Pfeffer aus der Mühle

Zubereitung:

1. Den Pfirsich halbieren und entkernen, mit Limettensaft und Pfeffer aromatisieren.
2. In den Garkorb legen und den Ricotta mit Vanillezucker, Zucker und Minze verrühren.
3. In die Mulde der Pfirsich-Hälften füllen und bei 170° Celsius für 8 Minuten backen.
4. Du kannst dafür auch Pfirsiche oder Marillen bzw. Aprikosen verwenden.

Notizen

_____

_____

_____

Gebackene Apfelspalten

Kalorien: 325,8 kcal | Eiweiß: 17,9 Gramm | Fett: 19,6 Gramm | Kohlenhydrate: 20,2 Gramm

Zutaten für eine Person:

1 Apfel | Saft einer halben Zitrone | 1 Ei | 2 EL Mandelmehl | 2 EL Mandeln grob gerieben | 1 Prise Zimt | 1 Prise Himalaya Salz | 1 EL Zucker | etwas Vanillezucker | 2 cl Rum

Zubereitung:

1. Den Apfel vom Kerngehäuse befreien und in Spalten schneiden.
2. In den mit Backpapier ausgelegten Garkorb legen und mit Zitronensaft beträufeln.
3. Das Ei trennen und das Eiweiß zu einem steifen Schnee verarbeiten.

4. Das Eigelb mit dem Mandelmehl, den geriebenen Mandeln, dem Zimt, Salz, Zucker, Vanillezucker und Rum vermengen.
5. Den Eischnee behutsam unterheben und die Masse auf den Äpfeln verteilen.
6. Bei 180° Celsius für 15 Minuten backen.

Notizen

_____

_____

_____

_____

_____

Gebratene Ananas in Sesam

Kalorien: 132,8 kcal | Eiweiß:2,5 Gramm | Fett: 5,2 Gramm | Kohlenhydrate: 19 Gramm

Zutaten für eine Person:

2 Scheiben Ananas frisch | 1 TL Honig | 1 Prise Salz | 2 EL Sesam

Zubereitung:

1. Den Honig mit dem Salz und dem Sesam vermischen.
2. Den Garkorb mit Backpapier auslegen und die Ananas hineingeben.
3. Mit dem Honig Gemisch verfeinern und bei 180° Celsius für 7 Minuten braten.

Notizen

_____

_____

_____

Blätterteig Quark-Röllchen

Kalorien: 587 kcal | Eiweiß: 18,2 Gramm | Fett: 32,6 Gramm | Kohlenhydrate: 55,2 Gramm

Zutaten für eine Person:

80 Gramm fertigen Blätterteig | 50 Gramm Quark | 1 Eigelb | 2 EL Rosinen | 1 TL Zucker | 1 Messerspitze Vanillezucker | etwas Abrieb einer unbehandelten Limette | 1 Eiweiß | 1 EL Nüsse nach Wahl gehackt

Zubereitung:

1. Den Blätterteig ausklappen.
2. Den Quark mit dem Eigelb glatt rühren und mit den Rosinen, Zucker, Vanillezucker und dem Abrieb glatt rühren.
3. Den Blätterteig damit bestreichen und einrollen.
4. In den Garkorb legen.
5. Das Eiweiß verquirlen und die Rolle damit bestreichen.
6. Mit den Nüssen bestreuen und bei 180° Celsius für 12 Minuten backen.

Notizen

_____

_____

_____

Cheese Cake

Kalorien: 1034,3 kcal | Eiweiß: 40 Gramm | Fett: 62,7 Gramm | Kohlenhydrate: 77,5 Gramm

Zutaten für 4 Personen:

120 Gramm Frischkäse | 130 Gramm weiße Schokolade | 3 Eier

Zubereitung:

1. Die Schokolade in einem Topf zum Schmelzen bringen, etwas auskühlen lassen und mit dem Schneebesen zügig den Frischkäse einrühren.
2. Die Eier trennen und das Eiweiß zu einem steifen Schnee verarbeiten.
3. Die Dotter nach und nach in die schokoladen Masse einrühren.
4. Den Eischnee behutsam unterheben.
5. Die Masse in die Form des Airfryers füllen und bei 160° Celsius für 35 Minuten backen und für weitere 10 Minuten im Airfryer durchziehen lassen.

Notizen

_____

_____

_____

Muffins Eierlikör

Kalorien: 914 kcal | Eiweiß: 22 Gramm | Fett: 56,8 Gramm | Kohlenhydrate: 78,7 Gramm

Zutaten für 4 Muffins:

50 Gramm Butter | 2 Eier | 1/2 Packung Vanillezucker | 1 EL Zucker | 50 ml Eierlikör | 1/2 Packung Backpulver | 60 Gramm Mehl

Zubereitung:

1. Die Butter schaumig schlagen und die Eier trennen.
2. Das Eigelb nach und nach in die schaumige Butter einrühren.
3. Das Eiweiß zu einem steifen Schnee verarbeiten.

4. Die Buttermasse mit Zucker, Vanillezucker, Eierlikör, Backpulver und Mehl vermengen.
5. Den Eischnee behutsam unterheben und die Masse in vier Muffin Formen füllen.
6. Diese in den Airfryer stellen und bei 170° Celsius für 18 Minuten backen.
7. Wenn Du die Muffins mit Schlagsahne und Eierlikör garnierst, hast Du im Nu leckere Cupcakes gezaubert.

Notizen

_____

_____

_____

_____

_____

Gebackene Erdbeerknödel

Kalorien: 811 kcal | Eiweiß: 21,6 Gramm | Fett: 53,4 Gramm | Kohlenhydrate: 61 Gramm

Zutaten für etwa 6 Knödel:

200 Gramm Kartoffeln | 2 EL Butter weich | 1 Ei | 2 EL Mehl | 1/2 TL Vanillezucker | 6 Erdbeeren frisch oder TK | 50 ml Buttermilch | 2 EL Zucker | Puderzucker zum Bestreuen

Zubereitung:

1. Die Kartoffeln schälen und weich kochen.
2. Aus dem Wasser nehmen und noch heiß durch eine Kartoffelpresse jagen.
3. Leicht auskühlen lassen und mit der Butter vermengen.
4. Das Ei, Mehl und den Vanillezucker einarbeiten.
5. Kurz ruhen lassen und 6 Knödel formen.

6. In die Mitte jeweils eine Erdbeere platzieren.
7. Die Knödel in die Backform des Airfryers legen und die Buttermilch mit dem Zucker verrühren.
8. Über die Knödel gießen und alles bei 160° Celsius für 40 Minuten backen.
9. Vor dem Servieren mit Puderzucker bestreuen.

Notizen

_____

_____

_____

_____

_____

Malaga Muffins

Kalorien: 741,6 kcal | Eiweiß: 22 Gramm | Fett: 28,8 Gramm | Kohlenhydrate: 98,6 Gramm

Zutaten für 4 Muffins:

2 Eier | 50 Gramm Joghurt | 3 EL Zucker | 1/2 Packung Vanillezucker | 50 Gramm Rosinen | 4 cl Pitu (Zuckerrohrschnaps) | 70 Gramm Mehl | 1/2 Packung Backpulver | 20 Gramm Butter flüssig

Zubereitung:

1. Die Rosinen am besten über Nacht im Schnaps ziehen lassen - so können sie ein unglaubliches Aroma entwickeln.
2. Die Eier mit dem Zucker schaumig schlagen und mit dem Joghurt glatt rühren.
3. Den Vanillezucker einarbeiten und mit Mehl und Backpulver vermengen.

4. Die Rumrosinen und die flüssige Butter zum Schluss unterrühren und die Masse in 4 Muffinformen füllen.
5. Diese in den Airfryer stellen und bei 170° Celsius für 18 Minuten backen.
6. Du kannst anstatt Pitu natürlich auch Stroh Rum verwenden.

Notizen

_____

_____

_____

_____

_____

Unser Bonus: 3 Exotische Gerichte aus der Heißluftfritteuse

Kreolische Pfanne

Kalorien: 277,1 kcal | Eiweiß: 21,6 Gramm | Fett: 14,7 Gramm | Kohlenhydrate: 14,6 Gramm

Zutaten für eine Person:

1/4 Zwiebel rot | 1 Knoblauchzehe | 1 Chili rot | 1/4 Paprika gelb | 1/4 Paprika rot | 20 Gramm Zitronengras jung | 1/4 Möhre | 20 Gramm grüne Zuckerschoten | 100 ml Kokosmilch | 60 Gramm Karambole (Sternfrucht) | Saft einer halben Limette | 2 Safran Fäden | 120 Gramm Garnelen ohne Schale und geputzt | 1 Prise Salz | 1 Messerspitze Kreuzkümmel | 1 Messerspitze Paprikapulver scharf | etwas Thymian | etwas Oregano

Zubereitung:

1. Alle festen Zutaten in gleichgroße, mundgerechte Stücke schneiden.

2. Alle Zutaten gemeinsam in den Topf des Airfryers geben und bei 170° Celsius für 25 Minuten garen.
3. Wer keine Rührfunktion hat, sollte alle paar Minuten kurz umrühren.
4. Das Gericht ist im Handumdrehen gezaubert, schmeckt aber atemberaubend raffiniert und bringt karibische Aromen auf den Tisch.

Notizen

_____

_____

_____

_____

_____

Entenbrust Peking Style

Kalorien: 731,2 kcal | Eiweiß: 34,2 Gramm | Fett: 60,8 Gramm | Kohlenhydrate: 11,8 Gramm

Zutaten für zwei Personen:

2 Entenbrüste am Knochen | 1 TL Honig | 1 EL Reisessig | 1/2 TL Sesam Öl | 1 TL Austernsauce dickflüssig | 1/2 TL Sojasauce dunkel | 1/2 TL chinesisches 5-Spices Gewürz

Zubereitung:

1. Alle Gewürze und Saucen zu einer Marinade vermengen.
2. Die Haut der Ente rautenförmig einschneiden und mit der Marinade bestreichen.
3. Am besten über Nacht einziehen lassen.
4. In den Garkorb legen und für 40 Minuten bei 150° Celsius garen.
5. Für weitere 20 Minuten bei 190° Celsius knusprig braten.
6. In Tranchen schneiden und servieren.

Notizen

_____

_____

_____

Krokodil im Kokos-Mantel

Kalorien: 454,4 kcal | Eiweiß: 30,6 Gramm | Fett: 30,4 Gramm |
Kohlenhydrate: 14,6 Gramm

Zutaten für eine Person:

130 Gramm Krokodil Fleisch | 1 EL Honig | 1 TL
Sojasauce | Saft einer halben Limette | 1 EL Mehl | 1
Ei | 2 EL Kokosmilch | 3 EL Kokosraspeln

Zubereitung:

1. Das Fleisch in 1 cm dicke Streifen schneiden
   und mit Honig, Sojasauce und Limettensaft
   marinieren.
2. Für 30 Minuten bei Zimmertemperatur stehen
   lassen.
3. In Mehl wälzen, das Ei mit der Kokosmilch
   verquirlen und das Krokodil durchziehen.
4. In den Kokosraspeln wälzen, gut andrücken
   und in den Garkorb legen.
5. Für 20 Minuten bei 170° Celsius frittieren.

Notizen

_____
_____
_____

Impressum

© 2018 Food Experts 1. Auflage 2018
Umschlaggestaltung, Illustration und
Inhalt: Paul Kurpiela Föhrenstr. 8 77656 Offenburg
paul.kurpiela@gmail.com